Vivre en santé, 4e à 6e année

Éveiller l'intérêt des élèves

Aidez les élèves à comprendre et apprécier les divers concepts du cours de santé au moyen de ressources reliées aux sujets étudiés, telles que des histoires, des livres informatifs faciles à lire, des vidéos et des affiches, qui les encourageront dans leur apprentissage.

Modèles à reproduire et organisateurs graphiques

Encouragez les élèves à utiliser les modèles et les organisateurs graphiques pour présenter de l'information, revoir des concepts importants et fournir de nouvelles occasions d'apprentissage. Les organisateurs graphiques les aideront à se concentrer sur des idées importantes et à faire des comparaisons directes.

Cahier d'apprentissage

Un cahier d'apprentissage permet à chaque élève d'organiser ses réflexions et ses idées au sujet des concepts de santé présentés. L'examen de ce cahier vous aide à choisir les activités de suivi qui sont nécessaires pour passer en revue la matière étudiée et pour clarifier les concepts appris.

Un cahier d'apprentissage peut contenir :

• des conseils de l'enseignante ou enseignant,

• des réflexions de l'élève,

• des questions soulevées,

• des liens découverts,

• des schémas avec étiquettes et des illustrations.

Activité de synthèse : Création d'un magazine sur la santé

Les élèves peuvent démontrer leurs nouvelles connaissances en matière de santé en créant un magazine destiné aux jeunes. Cette activité de synthèse peut être accomplie individuellement, en groupe classe ou en petits groupes. Encouragez les élèves à consulter divers magazines pour trouver des idées. Des listes de vérification pour les élèves sont fournies.

Grilles d'évaluation et listes de vérification

Utilisez les grilles d'évaluation et listes proposées dans ce livre pour évaluer l'apprentissage des élèves.

Table des matières

Les activités personnelles – Suggestions

Sites Web sur la croissance

La puberté est la période de transition entre l'enfance et l'âge adulte. Les changements qui surviennent durant la puberté ne se produisent pas au même rythme pour tout le monde. Cette période peut être difficile et déroutante pour les jeunes. Les sites Web ci-dessous fournissent de l'information sur la croissance et les étapes de la puberté.

Ce site propose aux enseignantes et enseignants des présentations PowerPoint et en format pdf portant sur la puberté.

> **http://www.masexualite.ca/fr/teachers/classroom_presentations/puberty**

Voici deux sites où des pédiatres renseignent les parents sur la puberté des filles et des garçons.

> **http://www.soinsdenosenfants.cps.ca/handouts/information_for_girls_about_puberty**
> **http://www.soinsdenosenfants.cps.ca/handouts/information_for_boys_about_puberty**

Activités supplémentaires :

- Préparez une boîte à questions où les élèves pourront déposer leurs questions de façon anonyme.
- Discutez avec la classe des avantages, des difficultés et des responsabilités associés au fait de grandir.

Mes forces et mes faiblesses

Proposez aux élèves de remplir une toile d'idées pour présenter leurs forces, et une autre pour montrer les aspects qu'ils ont besoin d'améliorer. Soulignez le fait que tout le monde a des forces et des faiblesses.

Amorces de discussion :

- Comment vous sentez-vous quand vous réussissez quelque chose?
- Croyez-vous qu'il est acceptable d'avoir des choses à améliorer?
- Choisissez une chose que vous aimeriez améliorer. Quelles sont les étapes pour y parvenir?

Les personnes de mon entourage

Encouragez les élèves à réfléchir aux personnes qui font partie de leur vie, et aux raisons pour lesquelles ces personnes sont importantes pour eux.

Amorces de discussion :

- Quelles sont les personnes les plus importantes dans votre vie? Pourquoi?
- Quelles sont les personnes qui vous font sentir que vous êtes uniques et que vous jouez un rôle important?
- Vers qui pouvez-vous vous tourner quand vous avez un problème?
- Est-ce important d'en parler à votre famille lorsque vous éprouvez de la colère, de la peine ou de l'anxiété? Pourquoi?
- Parleriez-vous à une amie ou un ami de la même façon que vous parlez à vos parents? Pourquoi?

La pression des pairs

Discutez avec la classe de la pression exercée par les pairs, c'est-à-dire lorsque des personnes de notre âge nous influencent à faire des choses que nous ne ferions pas normalement. La pression des pairs peut avoir des effets négatifs et positifs. Créez un tableau à deux colonnes pour montrer des exemples de conséquences positives et négatives.

Amorces de discussion :

- Pourquoi les gens aiment-ils faire partie d'un groupe?
- Que faut-il pour ne pas céder à la pression négative des pairs?
- Avez-vous déjà subi une pression négative de vos pairs, qui vous poussaient à faire une chose que vous ne vouliez pas faire? Que s'est-il passé et comment vous sentiez-vous?
- Avez-vous déjà vécu une pression positive de vos pairs, qui vous a amenés à essayer quelque chose de nouveau? Que s'est-il passé et comment vous sentiez-vous?

Vivre en santé, 4e à 6e année

Je me présente...

Crée un collage au moyen d'images, de mots ou de symboles découpés dans des magazines, afin de présenter des choses à ton sujet, des activités que tu aimes faire, des endroits que tu as visités, des personnes que tu admires et des aspects positifs de ta personnalité.

Une chose que j'aime à mon sujet :

Chalkboard Publishing Inc.

Vivre en santé, 4e à 6e année

Entrevue

Fais une entrevue avec une ou un camarade de classe.

Entrevue

Nom _____

Date de naissance _____ **Année scolaire** _____

a. Choisis trois mots qui te décrivent bien.

b. Quelle est ta couleur préférée?

c. Quel est ton aliment préféré?

d. Quel est ton film préféré?

e. Quel est ton livre préféré?

f. Quelle activité préfères-tu à l'extérieur de l'école?

g. Quelle activité te déplaît le plus?

h. Nomme une personne que tu admires. Pourquoi l'admires-tu?

i. Quel métier veux-tu faire plus tard?

j. Quel endroit aimerais-tu visiter un jour?

Vivre en santé, 4e à 6e année

Des moments importants dans ta vie

Remplis ce tableau pour présenter les moments importants de ta vie.

	Âge	Moment important
1.		
2.		
3.		
4.		
5.		
6.		
7.		
8.		

Chalkboard Publishing Inc.

Vivre en santé, 4e à 6e année

Une étape ou un changement important dans ta vie

Dans le tableau ci-dessous, décris une étape ou un changement important dans ta vie (par exemple, un déménagement ou un nouvel animal de compagnie).

1. Quelle étape as-tu franchie ou quel changement s'est produit?

2. Que s'est-il passé par la suite?

3. Comment as-tu réagi à cette étape ou ce changement?

Vivre en santé, 4e à 6e année

Le cercle de ton entourage

Réfléchis aux personnes qui t'entourent. Inscris ton nom dans le cercle du centre. Dans les cercles autour, ajoute le nom des membres de ta famille immédiate, de ta famille élargie, de tes amies et amis, et des autres personnes qui font partie de ta vie. Si tu te sens proche d'une personne, écris son nom dans le cercle adjacent au tien. Si tu te sens moins proche, écris son nom dans un cercle plus éloigné.

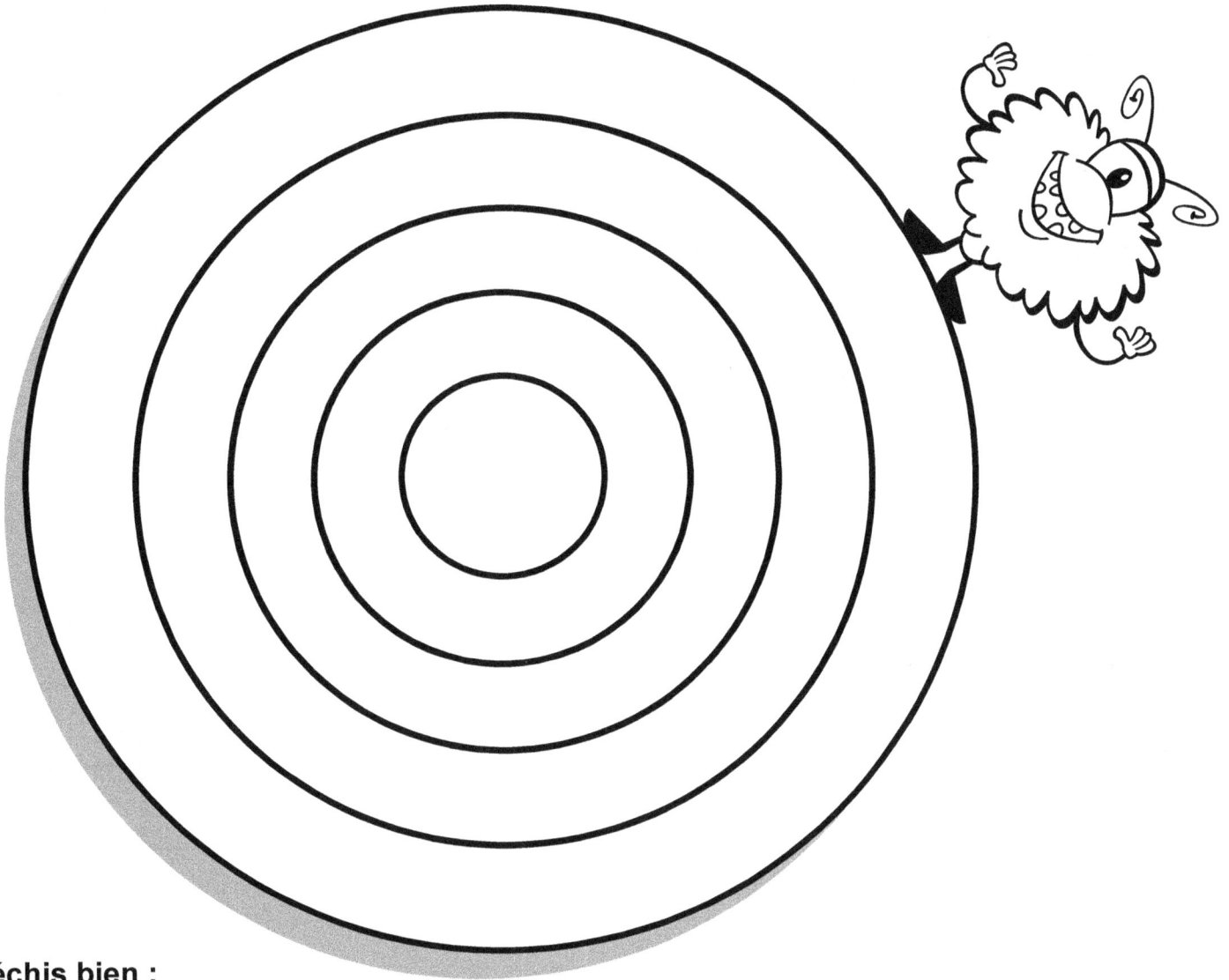

Réfléchis bien :

Observe ton cercle de relations. Pourquoi as-tu fait ces choix?

_____

_____

Penses-tu que ce cercle changera un jour? Explique ta réponse.

_____

_____

S'entendre avec les autres

Les gens s'entendent mieux lorsqu'ils coopèrent et s'écoutent les uns les autres. Réponds au sondage et réfléchis à la façon dont tu t'entends avec les autres.

Habiletés de coopération	Toujours	Parfois	Jamais
1. Je partage avec les autres.			
2. J'attends mon tour.			
3. Je fais ma part quand je travaille en équipe.			
4. Je complimente les autres quand elles ou ils réussissent quelque chose.			
5. En cas de désaccord, je discute et je cherche une solution.			
6. J'invite des personnes à se joindre au groupe.			

Habiletés d'écoute	Toujours	Parfois	Jamais
1. J'écoute les autres sans les interrompre.			
2. Je me concentre sur ce que dit la personne qui me parle.			
3. Je pose des questions pour m'assurer que j'ai compris ou obtenir des précisions.			
4. Je regarde la personne qui parle.			
5. Je peux répéter exactement ce qu'a dit une autre personne.			

Habiletés de communication	Toujours	Parfois	Jamais
1. Je parle clairement.			
2. Je regarde la personne à qui je parle.			
3. Je parle assez fort pour que les autres m'entendent.			

Vivre en santé, 4e à 6e année

Réfléchis bien : S'entendre avec les autres

1. Relis tes réponses au sondage. Comment comparerais-tu ces habiletés avec tes autres habiletés? Explique ta réponse.

_____

_____

_____

2. Qu'as-tu besoin d'améliorer?

_____

_____

_____

3. Comment peux-tu utiliser ces habiletés dans ta vie de tous les jours?

_____

_____

_____

4. Pourquoi est-il plus facile de s'entendre avec certaines personnes qu'avec d'autres?

_____

_____

_____

Chalkboard Publishing Inc.

Vivre en santé, 4ᵉ à 6ᵉ année

La collaboration familiale

Réfléchis à ton rôle au sein de ta famille. Quelle est ta contribution? Comment cela aide-t-il ta famille? Remplis ce tableau pour montrer comment les membres de ta famille collaborent ensemble.

Membre de la famille	Tâche ou contribution

Réfléchis bien :

Que se passerait-il si les membres de ta famille ne collaboraient pas? Explique ta réponse.

Vivre en santé, 4e à 6e année

Ressemblances et différences

Tout le monde a des ressemblances et des différences. Trouve des élèves de la classe qui :

• ont la même couleur préférée que toi.	• sont plus grandes ou grands que toi.	• viennent d'une autre ville.	• ont un mois de naissance différent du tien.
• aiment les activités artistiques.	• ont des yeux de la même couleur que les tiens.	• suivent des cours quelconques hors de l'école.	• ont un animal domestique.
• ont la même date de naissance que toi.	• n'ont pas d'animal domestique.	• jouent d'un instrument de musique.	• savent parler une autre langue.
• sont plus petites ou petits que toi.	• aiment les légumes.	• portent des jeans.	• sont de la même taille que toi.

Chronique-conseil

Imagine que tu tiens une chronique dans un magazine destiné aux jeunes. Lis les lettres ci-dessous et rédige une réponse pour aider ces lectrices et lecteurs.

Cher conseiller,

Mes amis m'ont dit que je devais voler quelque chose pour faire partie de leur groupe. Si je refuse, ils disent qu'ils ne seront plus mes amis.

Je veux garder mes amis, mais je ne veux pas voler!

Que devrais-je faire?

Cher conseiller,

Mon amie veut que je participe aux essais de sélection de l'équipe de soccer avec elle. J'aime jouer au soccer, mais je ne veux pas me couvrir de ridicule.

Que devrais-je faire?

Chère conseillère,

Toutes mes amies ont déjà embrassé quelqu'un. J'ai l'impression d'être la seule qui ne l'a pas fait. Je suis mal à l'aise, car elles ne parlent que d'embrasser.

Faut-il que j'embrasse quelqu'un pour être comme les autres?

Que devrais-je faire?

Chère conseillère,

Je voudrais vraiment faire partie de la chorale de l'école. Mes amis disent que j'ai une belle voix et que je devrais me présenter aux auditions. Ils disent qu'ils vont m'accompagner.

Je suis tout de même nerveux.

Que devrais-je faire?

Cher conseiller,

Je réussis très bien en mathématiques et nous aurons bientôt un examen. Mon ami veut tricher et copier mes réponses. Il dit que si je suis un vrai ami, je vais le laisser copier.

Je ne pense pas que c'est une bonne idée.

Que devrais-je faire?

Chère conseillère,

Je suis dans une nouvelle classe cette année. Mes nouvelles amies n'aiment pas ma meilleure amie. Elles disent que je dois choisir entre elles et ma meilleure amie.

Que devrais-je faire?

Vivre en santé, 4e à 6e année

Dis non!

Voici quelques conseils pour savoir comment dire « NON!» si tu te trouves dans une situation qui te rend mal à l'aise.

1. 1er conseil :

Regarde la personne dans les yeux et donne ton opinion d'un ton ferme.

Par exemple :

Non, je ne veux pas faire ça, c'est illégal!

Non, je ne veux pas faire ça, c'est dangereux!

Non, je ne veux pas faire ça, ça pourrait me rendre malade!

Non, je ne veux pas.

2. 2e conseil :

Suggère une autre activité ou un autre endroit où aller. Cela aidera d'autres personnes à se ranger à ton avis.

Par exemple :

Allons chez moi à la place.

Allons plutôt au parc.

3. 3e conseil :

Si tu ne peux pas convaincre la personne, pars, mais dis-lui qu'elle a le choix de venir avec toi.

Par exemple :

Bon, je m'en vais. Si tu changes d'avis, tu peux me rejoindre à _____ .

Dresse une liste de situations où tu dirais « NON! ».

1. _____

2. _____

3. _____

4. _____

5. _____

6. _____

7. _____

8. _____

Des habitudes saines – Suggestions d'activités

Un mode de vie sain

Présentez à la classe le concept d'un mode de vie sain, afin d'encourager les enfants à former de saines habitudes dès le plus jeune âge. Un mode de vie sain comprend quatre éléments : une alimentation saine, des activités physiques, un sommeil suffisant et des périodes de détente. Inscrivez ces quatre éléments sur une feuille grand format et invitez les élèves à dresser la liste des choses qu'ils peuvent faire pour favoriser ces quatre aspects.

Activité supplémentaire :

• Invitez des gens de diverses organisations à venir parler aux élèves des façons de mener une vie saine.

Un site Web sur la santé

Le site Web ci-dessous permet aux élèves d'en apprendre davantage au sujet des saines habitudes de vie. Ils y trouveront une foule de renseignements et des activités interactives.

http://www.saineshabitudesdevie.gouv.qc.ca/index.php?zone-enfants

Faire face au stress

Les élèves, tout comme les adultes, doivent faire face au stress. En plus de leurs devoirs, de nombreux enfants ont des activités parascolaires, des tâches à la maison ou d'autres obligations. Avec un horaire aussi chargé, ils n'ont parfois pas le temps de se détendre. Ils peuvent donc se sentir fatigués et débordés, tout en craignant de ne pas réussir à tout faire. À l'aide d'une toile d'idées, faites un remue-méninges pour trouver des façons de faire face au stress. Par exemple : écouter de la musique, faire de l'exercice, créer un horaire et une liste de choses à faire, dormir suffisamment, etc.

Amorces de discussion :

• Que signifie le mot « stress »?

• Comment se sent-on quand on est stressé?

• Vous inquiétez-vous parfois au sujet de certaines choses? Donnez des exemples.

• À qui pouvez-vous vous confier quand quelque chose vous inquiète?

Les quatre groupes alimentaires

Expliquez aux élèves que la nourriture peut être divisée en quatre groupes alimentaires. Parlez-leur du Guide alimentaire canadien et des portions recommandées quotidiennement pour les enfants. Différents aliments fournissent d'importantes substances nutritives à notre organisme. Les glucides contenus dans les pommes de terre, le pain et les céréales fournissent de l'énergie. Les protéines provenant de la viande et des légumineuses aident à rendre le corps plus résistant. Les vitamines et les minéraux qu'on trouve dans les fruits, les produits laitiers et les légumes permettent de garder nos os, nos dents et notre peau en santé. L'eau aide à transporter les éléments nutritifs dans les différentes zones de l'organisme.

Sur une feuille grand format, inscrivez les quatre groupes alimentaires. Proposez à la classe de faire un remue-méninges pour trouver des aliments qu'ils inscriront dans le groupe approprié.

Invitez les élèves à consulter le site Web ci-dessous pour vérifier leurs connaissances grâce aux modules interactifs.

http://www.msss.gouv.qc.ca/sujets/santepub/nutrition/index.php?modules_interactifs

Les calories

Expliquez aux élèves qu'une calorie est une unité d'énergie qui provient de la nourriture que nous consommons. Certains aliments, comme les gâteries sucrées, contiennent beaucoup de calories. D'autres, comme le céleri, en contiennent très peu. Faites comprendre aux élèves que les calories ne sont pas mauvaises pour nous, et que notre corps en a besoin pour obtenir de l'énergie. Ce n'est que lorsqu'on en consomme trop et qu'on n'en brûle pas assez par nos activités que les calories entraînent un surplus de poids.

La quantité de calories recommandée pour la plupart des enfants d'âge scolaire est de 1600 à 2500 par jour. On ne recommande pas un nombre de calories précis parce que chaque personne brûle l'énergie ou les calories à un rythme différent, selon sa taille et son niveau d'activité physique.

Des habitudes saines – Suggestions d'activités

L'étiquetage nutritionnel

Dites aux élèves d'apporter des boîtes de céréales, des contenants de jus et d'autres emballages vides en classe. Après leur avoir donné de l'information de base sur les éléments nutritifs, invitez-les à former de petits groupes devant chacun examiner la valeur nutritive de diverses marques d'un type d'aliment. Attribuez à chaque groupe un type d'aliments différent : céréales, jus, collations, etc. Ensuite, chaque groupe présentera à la classe les produits qui ont la meilleure valeur nutritive comparativement à des produits semblables.

Amorces de discussion :

- Maintenant que vous connaissez l'importance de l'information nutritionnelle, allez-vous changer vos habitudes de consommation?
- Qu'avez-vous appris d'étonnant?
- Comment l'emballage séduit-il les consommatrices et consommateurs?
- Quelles sont les caractéristiques des consommatrices ou consommateurs avertis?

Comparaison des valeurs nutritives

Dites aux élèves d'apporter un contenant de jus ou son étiquette en classe.

1. Demandez-leur s'ils pensent que leur jus est pur, en se basant uniquement sur l'apparence de l'emballage. Par exemple, l'emballage peut montrer des fruits ou comporter des phrases du type « fait de jus pur ».
2. Ensuite, invitez les élèves à examiner la liste d'ingrédients.
3. Demandez-leur de nommer les deux principaux ingrédients.
4. L'un de ces ingrédients est-il du jus pur?
5. Les deux principaux ingrédients sont-ils de l'eau et du sucre (ou glucose-fructose)?
6. Quels autres ingrédients leur jus contient-il?
7. Recommanderaient-ils ce jus comme boisson santé? Pourquoi?
8. Dressez la liste des marques de jus de fruits en allant de la plus saine à la moins bonne pour la santé.

Refaites cette activité avec des emballages de collations.

Des consommatrices et consommateurs avertis

Présentez aux élèves les différentes caractéristiques des consommatrices et consommateurs avertis, en soulignant le fait que les emballages sont conçus pour attirer l'attention des jeunes. Faites un remue-méninges pour trouver des façons dont les publicitaires utilisent la présentation visuelle, la promotion et la mise en marché pour vendre leurs produits. Demandez aux élèves de comparer la valeur nutritive de produits alimentaires de même type au moyen d'un tableau à deux colonnes.

Amorces de discussion :

- Pourquoi les fabricants montrent-ils des célébrités ou des personnages de bandes dessinées sur leurs emballages? Expliquez votre réponse.
- Croyez-vous que des astuces comme des concours, des recettes ou des cadeaux peuvent convaincre les gens d'acheter un produit?
- Avez-vous déjà remarqué qu'il y a parfois une grande différence entre la quantité d'un produit et la taille de son emballage? Par exemple, une petite quantité de bonbons dans un grand sac. Pourquoi les fabricants présentent-ils leurs produits de cette façon?

Livre de recettes

Demandez aux élèves d'apporter en classe leurs recettes santé préférées, et réunissez les recettes afin d'en faire un livre.

Conception d'une publicité

Les élèves peuvent concevoir une publicité à propos d'un aliment santé, au moyen du modèle à reproduire fourni dans ce livre.

Bien manger : Thèmes du journal

1. Pourquoi est-il important d'avoir une alimentation équilibrée?

2. Quels effets les aliments que tu manges ont-ils sur ton organisme et la façon dont tu te sens?

3. Penses-tu que les médias influencent tes habitudes alimentaires? Explique ta réponse.

4. Quelles sont les différences entre une collation et une gâterie?

5. Tes habitudes alimentaires changent-elles selon que tu es à la maison, avec tes amies ou amis, ou encore au restaurant? Explique ta réponse.

6. Que peut-on faire pour garder un poids santé?

7. Aimes-tu déjeuner le matin? Pourquoi?

8. Nomme les aliments que tu préfères. Pourquoi les aimes-tu?

9. Y a-t-il des aliments que tu refuses de manger? Pourquoi?

10. Vérifies-tu l'information nutritionnelle sur l'emballage des produits que tu consommes? Pourquoi?

11. Penses-tu que les aliments prêts à consommer (surgelés, en conserve, restauration rapide) nous aident à avoir une alimentation santé? Explique ta réponse.

Le guide alimentaire canadien

Produits céréaliers
5 à 12 portions

riz

céréales

bagel

pain

pâtes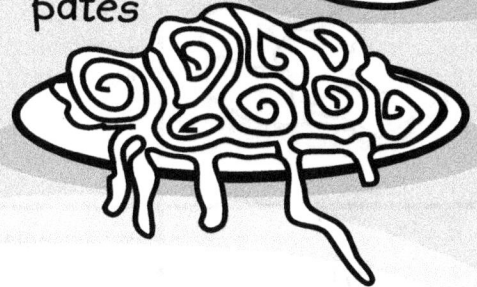

salade

jus

Fruits et légumes   5 à 10 portions

fruits et légumes

Produits laitiers   2 à 4 portions

fromage

yogourt

lait

Viande et substituts
2 à 3 portions

œuf

haricots

volaille

viande

poisson

beurre d'arachide

Chalkboard Publishing Inc.

Vivre en santé, 4e à 6e année

Les quatre groupes alimentaires et toi

Dresse la liste des aliments que tu aimes manger dans chacun des groupes alimentaires.

1.	**Produits céréaliers**	Par exemple, 1 portion = 1 tranche de pain, ½ tasse de pâtes ou ½ tasse de riz
2.	**Fruits et légumes**	Par exemple, 1 portion = 1 tasse de salade, 1 fruit de taille moyenne ou ½ tasse de jus
3.	**Produits laitiers**	Par exemple, 1 portion = 1 tasse de lait, ¾ tasse de yogourt ou 50 g de fromage
4.	**Viande et substituts**	Par exemple, 1 portion = 1 ou 2 œufs, 2 c. à soupe de beurre d'arachide ou 50 à 100 g de poisson, de volaille ou de viande

Quel est ton groupe alimentaire préféré? _____

Vivre en santé, 4ᵉ à 6ᵉ année

Sondage sur l'alimentation

Remplis ce sondage sur tes habitudes alimentaires.

	Questions	Rarement	Parfois	Souvent
1.	Manges-tu trois repas équilibrés chaque jour?			
2.	Manges-tu des collations santé?			
3.	Déjeunes-tu le matin?			
4.	Consommes-tu des gâteries riches en calories?			
5.	Manges-tu tard le soir?			
6.	Bois-tu quelques verres d'eau par jour?			
7.	Vas-tu souvent au restaurant?			
8.	Consommes-tu des aliments vides ou des repas minute?			
9.	Manges-tu quand tu ressens de la nervosité ou de la tristesse?			
10.	Consommes-tu quotidiennement des aliments de chaque groupe?			

En te basant sur tes réponses, décris tes habitudes alimentaires. Comment pourrais-tu les améliorer?

_____

_____

_____

_____

Chalkboard Publishing Inc.

Vivre en santé, 4e à 6e année

Crée un emballage de céréales

Prends une boîte de céréales vide et crée un nouvel emballage pour une marque de céréales fictive. N'oublie pas d'inclure :

- le tableau nutritionnel,
- le prix,
- une illustration,
- un slogan accrocheur.

Utilise l'espace ci-dessous pour planifier ta boîte de céréales.

Vivre en santé, 4ᵉ à 6ᵉ année

La restauration rapide

Imagine que tu vas dans un restaurant-minute.

1. Remplis la commande en fonction de ce que tu voudrais manger. Essaie d'être réaliste.
2. Ensuite, consulte le guide nutritionnel du restaurant pour vérifier les calories et la quantité de gras de chaque plat que tu as commandé.
3. Additionne les nombres pour obtenir la quantité totale de calories et de gras que tu consommerais si tu mangeais ce repas.
4. Essaie de planifier un repas plus nutritif dans ce restaurant.

1. **Nom du restaurant :**

Plat	Calories	Gras
Total :		

2. **Nom du restaurant :**

Plat	Calories	Gras
Total :		

Chalkboard Publishing Inc.

Vivre en santé, 4e à 6e année

Réfléchis bien : La restauration rapide

1. Qu'est-ce qui t'a paru étonnant?

_____

_____

_____

2. Penses-tu que tes habitudes de consommation au restaurant vont changer?

_____

_____

_____

3. Crois-tu que la plupart des gens sont conscients de la quantité de calories et de gras qu'ils consomment réellement? Explique ta réponse.

_____

_____

_____

4. Fais quelques suggestions pour que ton restaurant-minute préféré ait un menu plus sain.

_____

_____

_____

_____

Vivre en santé, 4ᵉ à 6ᵉ année

Collage alimentaire

Découpe, dans des magazines et des cahiers publicitaires, des images représentant des aliments sains provenant de tous les groupes alimentaires, puis colle-les ci-dessous.

Décris ton collage.

_____

_____

Crée une affiche pour encourager les gens à bien s'alimenter.
Ton affiche doit inclure un message et une illustration.

Manger santé!

Des repas santé, toute la journée!

Note les aliments et les portions que tu consommes au cours d'une journée.

1.	**Déjeuner**	
2.	**Collation santé**	
3.	**Dîner**	
4.	**Collation santé**	
5.	**Souper**	
6.	**Boissons santé**	

Combien as-tu inscrit de portions pour chaque groupe alimentaire?

Produits céréaliers : ☐☐☐☐☐☐☐   Fruits et légumes : ☐☐☐☐☐☐☐☐

Produits laitiers : ☐☐☐☐   Viande et substituts : ☐☐☐☐☐☐☐

Explique pourquoi tu penses que tes choix sont sains.

_____

_____

Chalkboard Publishing Inc.

Vivre en santé, 4ᵉ à 6ᵉ année

Chers parents et tuteurs,

Dans le cadre de notre module sur les habitudes de vie, nous souhaitons inviter les familles des élèves à participer à notre défi « Manger santé ».

L'objectif est d'encourager les enfants à avoir une alimentation saine.

Mettez votre enfant au défi de manger au moins cinq portions de fruits et légumes par jour. Au cours des cinq prochains jours, notez le nombre de fruits et de légumes que votre enfant consommera.

Pour chaque légume ou fruit consommé, coloriez un carré dans le tableau. Au terme des cinq jours, remplissez la feuille de réflexion sur les résultats obtenus.

Toute la famille est invitée à relever le défi!

Nous vous remercions de votre participation et de votre appui!

_____

Tableau du défi « Manger santé »

Peux-tu manger au moins cinq portions de fruits et légumes chaque jour, pendant cinq jours consécutifs? Bonne chance!

1er jour	2e jour	3e jour	4e jour	5e jour

Crois-tu avoir réussi? Explique ta réponse.

_____

_____

Chalkboard Publishing Inc.

Vivre en santé, 4e à 6e année

Réflexion : Défi « Manger santé »

1. Crois-tu avoir fait de bons choix alimentaires? Explique ta réponse.

_____

_____

2. As-tu reçu de l'aide pour faire tes choix? De qui?

_____

_____

3. Quelle était la meilleure partie de ce défi?

_____

_____

4. Qu'est-ce qui était le plus difficile?

_____

_____

5. Quels sont tes fruits et légumes préférés?

_____

_____

Vivre en santé, 4ᵉ à 6ᵉ année

FÉLICITATIONS!

Nom : _____

TU AS RELEVÉ LE DÉFI « MANGER SANTÉ »!

Bien dormir!

Les gens ont besoin de sommeil pour être heureux, en santé et capables de fonctionner. Parfois, si on n'a pas assez dormi, on se sent grognon et fatigué. Les enfants de 5 à 12 ans ont besoin de 10 à 11 heures de sommeil chaque nuit!

Le sommeil est bénéfique pour le cerveau, afin que tu puisses :

- te souvenir de ce que tu apprends,
- te concentrer et avoir l'esprit éveillé,
- trouver de nouvelles idées,
- résoudre des problèmes.

Le sommeil est bénéfique pour ton corps, afin que tu puisses :

- rester en santé et combattre la maladie,
- être en forme.

Voici quelques conseils pour avoir une bonne nuit de sommeil :

- Assure-toi que ta chambre est sombre, fraîche et silencieuse.
- Fais de l'exercice durant la journée.
- Couche-toi toujours à la même heure.
- Ne bois pas de boissons gazeuses contenant de la caféine.

Réfléchis bien : Dors suffisamment!

1. Pourquoi le sommeil est-il important?

_____

_____

_____

_____

2. Comment te sens-tu quand tu ne dors pas assez? Explique ta réponse.

_____

_____

_____

_____

Vivre en santé, 4ᵉ à 6ᵉ année

Combattre le stress

Le stress correspond aux sensations qu'on éprouve quand on est inquiet ou mal à l'aise à propos de quelque chose. Le stress peut entraîner des sentiments comme la colère, la frustration ou la peur. Parfois, le stress peut causer un mal de tête ou de ventre. Certaines personnes n'ont pas envie de manger ou ont du mal à dormir lorsqu'elles sont stressées. D'autres ont de la difficulté à se concentrer à l'école ou ont des problèmes de mémoire.

Voici quelques conseils pour combattre le stress :

- Parle à quelqu'un de ce que tu éprouves.
- Prends de profondes inspirations et expire lentement.
- Fais de l'exercice.
- Écris un journal sur ce que tu ressens.
- Fais une activité amusante.

Réfléchis bien : Remplis le tableau ci-dessous avec une ou un partenaire.

Causes de stress chez les jeunes	Que faire quand cela se produit

Mes recommandations

Recommande deux choses que les gens peuvent faire pour avoir un mode de vie sain.
Explique tes réponses.

Je recommande...	Fais un dessin.

Vivre en santé, 4ᵉ à 6ᵉ année

La forme physique – Suggestions d'activités

Sondage sur la forme physique

Avec la classe, dressez une liste des activités physiques que pourraient pratiquer les élèves. Par exemple : sauter à la corde, faire du vélo, suivre des cours de danse, marcher, etc. Questionnez ensuite les élèves pour découvrir les activités qu'ils ont déjà pratiquées. Ajoutez un crochet à côté des réponses, chaque fois qu'elles se répètent.

Amorces de discussion :

- Quelle activité de cette liste aimerais-tu essayer, si tu ne l'as jamais pratiquée?
- À quelle fréquence pratiques-tu cette activité?
- Qu'est-ce qui te plaît dans cette activité? Comment te sens-tu lorsque tu la pratiques?
- Où pratiques-tu cette activité?

Allez, bougez!

Montrez aux élèves comment prendre leur pouls. Invitez-les ensuite à faire une activité physique énergique telle que des sauts avec écart, de la course sur place ou de la danse au son d'une musique entraînante. Après cette activité, dites-leur de vérifier si leur cœur bat plus vite, si leurs poumons travaillent davantage et s'ils ont plus chaud. Expliquez-leur que l'activité physique énergique est importante pour garder le corps en forme et en santé.

Amorces de discussion :

- Comment vous sentiez-vous en faisant cette activité physique?
- Dites aux élèves de réfléchir au sondage sur les activités physiques et de déterminer celles qui peuvent être qualifiées d'énergiques. Invitez-les à expliquer leurs réponses.

Défi « Activité physique »

Pour encourager les élèves à être actifs quotidiennement, invitez-les à relever le défi « Activité physique » durant cinq jours. Chaque jour, ils doivent noter les activités physiques qu'ils ont effectuées, ainsi que leur durée. Mettez-les au défi de faire au moins 30 minutes d'activité physique quotidiennement.

Faites un remue-méninges avec la classe pour dresser une liste d'activités possibles. Par exemple :

- jeu de poursuite (chat)
- sport d'équipe
- danse
- saut à la corde
- marelle
- aérobie
- natation
- marche
- course à pied
- vélo
- musculation
- randonnée

Activités supplémentaires :

- Demandez aux élèves d'utiliser un modèle de grille pour créer une grille de mots cachés portant sur les activités physiques.
- Invitez les élèves à mener un sondage sur leurs activités physiques préférées.
- Suggérez aux élèves de créer une suite de mouvements aérobiques sur une musique entraînante. Ils pourraient ensuite diriger les mouvements du groupe à tour de rôle.
- Chaque élève pourrait écrire la biographie d'une personnalité sportive, en indiquant ses raisons pour avoir choisi cette personne et en précisant les qualités qui lui ont permis de se distinguer dans son sport.

La forme physique : Thèmes du journal

1. Que penses-tu du cours d'éducation physique?

2. Penses-tu que les élèves devraient faire 30 minutes d'exercice à l'école chaque jour? Explique ta réponse.

3. Tu aimerais pratiquer un sport, mais tu ne penses pas avoir de talent pour ce sport. Que devrais-tu faire?

4. Certains membres de ta famille ne sont pas en forme. Que peux-tu faire pour les encourager à être plus actifs?

5. Pourquoi le fait d'être actif physiquement constitue-t-il un aspect important d'un mode de vie sain?

6. Si tu te fatigues avant le reste de la classe durant le cours d'éducation physique, que peux-tu faire pour y remédier?

7. Quel est ton sport préféré? Pourquoi?

8. Si tu pouvais gagner une médaille d'or dans un sport, quel serait ce sport? Pourquoi?

9. Les sports ne sont pas la seule façon d'être actif physiquement. Quelles autres activités peux-tu faire?

10. Fais-tu plus d'activités physiques la semaine ou la fin de semaine? Pourquoi?

Vivre en santé, 4ᵉ à 6ᵉ année

Sondage sur l'activité physique

Remplis ce sondage sur tes habitudes en matière d'activité physique.

	Questions	Rarement	Souvent	Toujours
1.	Quel type d'activités physiques pratiques-tu à l'extérieur de l'école?			
2.	Participes-tu à une activité physique organisée au moins une fois par semaine?			
3.	Participes-tu à au moins une activité physique parascolaire à l'école?			
4.	Fais-tu des activités physiques (basketball, saut à la corde, poursuite, etc.) durant la récréation?			
5.	Fais-tu des activités physiques avec ta famille?			
6.	Te rends-tu à l'école à pied ou à vélo?			
7.	T'amuses-tu quand tu pratiques une activité physique?			
8.	Pratiques-tu un sport d'équipe?			
9.	Préfères-tu pratiquer une activité physique plutôt que de jouer à l'ordinateur ou regarder la télé?			

Relis tes réponses. Laquelle revient le plus souvent?

_____

Que révèle ce sondage sur ta forme physique? Explique ta réponse.

_____

_____

_____

_____

Chalkboard Publishing Inc.   Vivre en santé, 4e à 6e année

Tableau du défi « Activité physique »

Bravo! Tu as accepté de relever le défi Activité physique!

Pour les cinq prochains jours, tu devras noter toutes les activités physiques que tu pratiques. Par exemple : marcher jusqu'à l'école, danser, sauter à la corde, faire des sports d'équipe, rouler à bicyclette, jouer dehors, etc. Peux-tu faire au moins 30 minutes d'activités physiques par jour?

	Quelle activité physique as-tu pratiquée?	Pendant combien de minutes?
1er jour		
2e jour		
3e jour		
4e jour		
5e jour		

Réflexion : Défi « Activité physique »

1. Crois-tu avoir bien réussi?

_____

_____

2. Qu'est-ce qui te plaît quand tu fais une activité physique? Explique ta réponse.

_____

_____

3. Qu'est-ce qui ne te plaît pas? Explique ta réponse.

_____

_____

4. Si tu pouvais te spécialiser dans deux sports, lesquels choisirais-tu?

_____

_____

5. Quelles activités physiques aimerais-tu essayer?

_____

_____

_____

Chalkboard Publishing Inc.

Vivre en santé, 4e à 6e année

FÉLICITATIONS!

Nom : _____

TU AS RELEVÉ LE DÉFI « ACTIVITÉ PHYSIQUE »!

La résolution de conflits – Suggestions d'activités

Qu'est-ce que la résolution de conflits?

Expliquez aux élèves que la résolution de conflits est un processus qui aide à résoudre des problèmes de façon positive. Chaque personne concernée est encouragée à assumer la responsabilité de ses actes. Les étapes de la résolution de conflits peuvent comprendre :

- déterminer le problème,
- écouter sans interrompre,
- mettre les choses au clair,
- proposer différentes solutions.

Discutez de ces étapes avec les élèves. Organisez un jeu de rôles afin qu'ils puissent se familiariser avec le processus et expérimenter diverses situations, dont des situations susceptibles de survenir dans la classe. Encouragez-les à essayer de comprendre le point de vue de l'autre personne et à tenter de trouver diverses solutions. Ainsi, ils s'habitueront à recourir à d'autres moyens lorsqu'une solution ne fonctionne pas. Affichez les étapes de la résolution de conflits au tableau, afin qu'ils puissent s'y référer.

La colère

Expliquez aux élèves que, parfois, les gens éprouvent de la colère face à une situation. Décrivez des situations qui peuvent susciter de la colère. Par exemple :

- Quelque chose nous paraît injuste.
- On nous enlève quelque chose.
- Quelqu'un brise un objet qui nous appartient.
- Quelqu'un est méchant ou nous taquine.
- Quelqu'un refuse de partager.
- Quelqu'un envahit notre espace.

Demandez aux élèves de se rappeler un moment où ils ont éprouvé de la colère. Que s'était-il passé et comment ont-ils réagi? Discutez de la meilleure façon de faire face à différentes situations.

La gentillesse

Faites un remue-méninges pour trouver des exemples de gentillesse. Notez les réponses des élèves sur une feuille grand format. Passez ensuite cette liste en revue, en demandant aux élèves d'associer les sentiments que ces gestes provoquent chez eux.

Amorces de discussion :

- De quelles façons pouvez-vous faire preuve de gentillesse à l'égard des autres?
- Comment se sent-on quand on fait preuve de gentillesse? Comment se sent-on quand on agit méchamment?

Proposez aux élèves de créer des coupons à remettre aux gens en guise de marque de gentillesse. Ces coupons pourraient être destinés à des élèves, des gens du voisinage, des membres de la famille ou du personnel enseignant, etc.

L'intimidation

Aidez les élèves à mieux comprendre l'intimidation, qui peut être définie comme le fait de blesser délibérément quelqu'un physiquement ou psychologiquement. Expliquez-leur que les personnes qui intimident les autres peuvent être de différents types. Très souvent, une personne se fait intimider de façon répétée. L'intimidation peut être :

physique : frapper, bousculer, faire tomber, pousser, donner des coups de poing, voler des objets, enfermer, etc.

verbale : taquiner, critiquer, ridiculiser, faire des remarques embarrassantes, etc.

relationnelle : exclure d'un groupe, répandre des rumeurs, ignorer, ostraciser, etc.

L'objectif est de faire comprendre aux élèves comment se sent une personne intimidée, afin qu'ils éprouvent de l'empathie et contribuent à faire cesser l'intimidation.

Chalkboard Publishing Inc.

Vivre en santé, 4ᵉ à 6ᵉ année

Résoudre un conflit

Pense à un conflit que tu as récemment vécu avec une amie ou un ami, ou encore avec un membre de ta famille.

1. **Décris le conflit.**

_____

_____

_____

_____

2. **Comment l'as-tu résolu?**

_____

_____

_____

_____

3. **Y aurait-il eu une meilleure façon de résoudre ce conflit? Si oui, explique cette autre solution.**

_____

_____

_____

4. **Si tu penses que c'était la meilleure façon de résoudre ce conflit, explique pourquoi.**

_____

_____

_____

Vivre en santé, 4e à 6e année

Réglons le problème!

1re étape

Déterminer le problème

2e étape

Écouter sans interrompre

3e étape

Mettre les choses au clair

4e étape

Proposer une solution

5e étape

Mets-toi toujours à la place de l'autre personne.

Les marques de gentillesse

Les marques de gentillesse montrent aux gens que tu te préoccupes d'eux. Colorie en vert les bulles comportant des exemples de gentillesse.

donner des ordres

partager sa collation

coopérer

être impoli

être serviable

écouter

être poli

inclure quelqu'un dans le groupe

taquiner

1. Comment te sens-tu quand une personne est gentille avec toi? Explique ta réponse.

_____

_____

2. Comment te sens-tu quand tu te comportes gentiment avec quelqu'un? Explique ta réponse.

_____

_____

Vivre en santé, 4e à 6e année

Coupons de gentillesse

Crée tes propres coupons de gentillesse et offre-les à des personnes de ton entourage.

COUPON DE GENTILLESSE

POUR : _____

DE : _____

CE COUPON TE DONNE DROIT À :

_____

COUPON DE GENTILLESSE

POUR : _____

DE : _____

CE COUPON TE DONNE DROIT À :

_____

Vivre en santé, 4ᵉ à 6ᵉ année

Arrêtons l'intimidation!

Qu'est-ce que l'intimidation?

Dans ton école, y a-t-il plus de personnes qui sont coupables d'intimidation ou qui en sont victimes? Explique ta réponse.

Penses-tu que l'intimidation est un problème grave au sein de ton école? Pourquoi?

Est-il utile de parler à des adultes d'une situation d'intimidation? Pourquoi?

Penses-tu qu'on peut faire comprendre à une intimidatrice ou un intimidateur comment se sent sa victime? Explique ta réponse.

As-tu déjà vu quelqu'un se faire intimider? Que s'est-il passé?

Crois-tu avoir déjà intimidé quelqu'un? Que s'est-il passé?

Pourquoi une personne se met-elle à intimider les autres, à ton avis?

Qu'est-ce que chaque élève pourrait faire pour arrêter l'intimidation? Donne des exemples.

L'intimidation : Que devrais-tu faire?

1. Comment se sent une victime d'intimidation, selon toi?

Sentiment	→	Pourquoi?

Sentiment	→	Pourquoi?

Sentiment	→	Pourquoi?

2. Encercle en vert les choses que tu devrais faire lorsque tu te fais intimider.
Encercle en rouge les choses que tu ne devrais pas faire lorsque tu te fais intimider.

ignorer la personne qui t'intimide

ne pas en parler

rester calme

te battre avec la personne qui t'intimide

aller dans un endroit sûr

en parler à des adultes

dire que tu n'aimes pas ça

Vivre en santé, 4e à 6e année

Arrêtons L'INTIMIDATION!

Qu'est-ce que l'intimidation?

L'intimidation, c'est quand on fait délibérément du mal à quelqu'un par divers moyens :

- des insultes ou des paroles dénigrantes,
- de la violence physique,
- de l'exclusion ou du rejet,
- des rumeurs.

1. **Nomme trois choses que peut faire une victime d'intimidation.**

a. _____

b. _____

c. _____

2. **Nomme trois choses que tu peux faire si tu es témoin d'une situation d'intimidation.**

a. _____

b. _____

c. _____

Chalkboard Publishing Inc.

Vivre en santé, 4ᵉ à 6ᵉ année

Situations d'intimidation : Que faire?

En équipes de deux, discutez des scénarios ci-dessous et suggérez des réactions possibles pour un témoin et une victime d'intimidation.

Exemples d'intimidation :	Que peut faire un témoin?	Que peut faire la victime?
Faire exprès de bousculer quelqu'un dans le couloir		
Insulter quelqu'un		
Envoyer des courriels malveillants		
Menacer de battre une personne si elle refuse d'obéir		
Obliger quelqu'un à nous donner de l'argent		
Ne pas laisser quelqu'un s'asseoir près de nous, même s'il y a assez de place		
Propager des rumeurs à propos d'une personne		

Vivre en santé, 4e à 6e année

Conseil amical

Choisis l'une de ces deux activités :

- Écris une lettre pour conseiller quelqu'un qui se fait intimider.
- Écris une lettre pour conseiller quelqu'un qui intimide les autres.

Chère ou Cher _____,

_____

_____

_____

_____

_____

_____

_____

_____

_____

_____

_____

_____

Amicalement, _____

Jeu de rôles

Invitez les élèves à interpréter, à deux ou en petits groupes, différents scénarios liés à la sécurité et à montrer comment ils réagiraient. Exemples de scénarios :

- Une personne étrangère t'aborde.
- Un ami virtuel veut te rencontrer en personne.
- Une amie te met au défi d'entrer dans un endroit interdit.

Affiche sur la sécurité

Demandez aux élèves de créer des affiches sur la sécurité où figureront des conseils adaptés à divers lieux et situations. Par exemple : sécurité personnelle, cybersécurité, sécurité dans les lieux publics, sécurité à vélo, sécurité aquatique, etc.

Consultez le site Web ci-dessous, qui donne des conseils de sécurité aux enfants.

http://spvm.qc.ca/fr/jeunesse/enfant.asp

Dépliant sur la sécurité

Invitez les élèves à concevoir, individuellement ou à deux, un dépliant sur la sécurité. Les points abordés pourraient inclure :

- Que faire en cas d'urgence
- La sécurité à la maison
- La sécurité dans les lieux publics
- La sécurité aquatique
- La sécurité sur Internet

1. Montrez aux élèves comment plier une feuille de papier pour former un dépliant.
2. Dites-leur de tracer leur maquette au crayon.
    - Ils doivent inscrire le titre de chaque section à l'endroit choisi dans le dépliant.
    - Ils doivent laisser de l'espace sous chaque titre pour ajouter de l'information.
    - Ils doivent prévoir aussi de l'espace pour les illustrations et les schémas.
3. Invitez-les à rédiger un texte sous chaque titre.
4. Encouragez-les à ajouter des illustrations ou des slogans accrocheurs.

La cybersécurité

Suis ces conseils de cybersécurité quand tu utilises l'ordinateur à la maison ou à l'école.

1. Ne donne jamais de renseignements comme ton nom, ton âge, ton adresse ou ton école.

2. N'envoie jamais une photo de toi-même à une amie ou un ami virtuel sans consulter tes parents.

3. Ne réponds jamais à des messages qui te rendent mal à l'aise.

4. N'organise jamais une rencontre avec une amie ou un ami internaute sans en parler à tes parents.

5. N'oublie pas que les gens en ligne ne sont pas toujours ce qu'ils disent être.

6. Ne crée pas de profil d'utilisateur. Tu éviteras ainsi de divulguer des renseignements personnels.

7. Ne donne ton mot de passe à personne!

Réfléchis bien :

1. Mets-tu ces précautions de cybersécurité en application? Pourquoi?

_____

_____

2. Penses-tu que l'ordinateur familial doit se trouver dans une pièce accessible à tous? Explique ta réponse.

_____

_____

3. Tes parents ou tuteurs devraient-ils avoir accès à ton courrier électronique? Pourquoi?

_____

_____

Chalkboard Publishing Inc. Vivre en santé, 4e à 6e année

La sécurité personnelle : Thèmes du journal

1. À qui peux-tu t'adresser en cas d'urgence?

2. Décris des situations dangereuses dans lesquelles des jeunes peuvent se retrouver.

3. Que ferais-tu si un incendie se déclarait chez toi?

4. Quelles responsabilités assume-t-on quand on garde de jeunes enfants ou qu'on en prend soin?

5. Pourquoi est-il important de respecter les règles de cybersécurité?

6. Qu'est-ce qui t'indique si tu peux faire confiance à quelqu'un? Son apparence? Son métier?

7. Que font tes parents ou tes tuteurs pour s'assurer que ta maison est sécuritaire?

Vivre en santé, 4ᵉ à 6ᵉ année

La publicité

Découpe une publicité dans un magazine ou un journal, puis colle-la ci-dessous
et réponds aux questions.

1. Quel message le fabricant essaie-t-il de transmettre au sujet de son produit?

_____

_____

2. Es-tu d'accord avec ce message? Pourquoi?

_____

_____

Liste de vérification - Publicité

Conçois une publicité anti-tabagisme ou anti-drogue pour la radio ou la télévision.

Ma publicité porte sur _____

a. **Ma publicité transmet un message clair.** ☐

_____

_____

b. **Ma publicité donne des raisons qui appuient mon message.** ☐

_____

_____

c. **Ma publicité se termine sur une pensée à retenir.** ☐

_____

_____

Accessoires :

d. **J'ai utilisé des accessoires pour rendre ma publicité intéressante.** ☐

_____

_____

Style d'exécution :

e. **J'ai répété afin de faire une interprétation expressive.** ☐

_____

_____

Vivre en santé, 4e à 6e année

T-shirt anti _____

Conçois un t-shirt qui encourage les gens à arrêter de fumer ou à ne pas consommer de drogues.

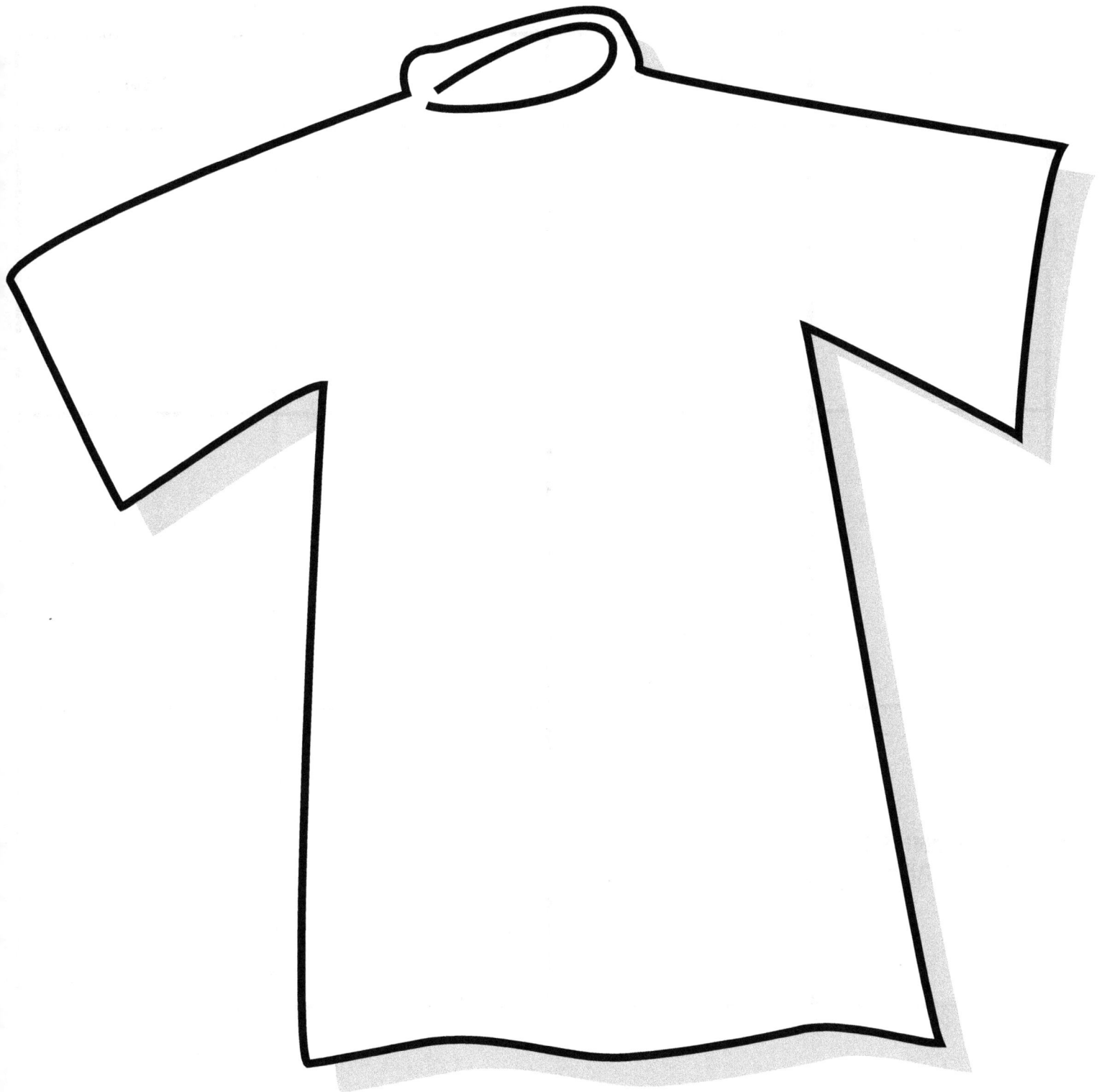

Qu'est-ce qui t'influence?

Réfléchis au tabac, à l'alcool et aux drogues. Quelle influence ont tes amies ou amis, ta famille, les médias et le personnel enseignant sur ton attitude à l'égard de ces produits? Remplis le tableau ci-dessous en décrivant l'influence positive ou négative que tu subis.

FACTEUR	DROGUES	ALCOOL	TABAC
1. FAMILLE			
2. AMIES OU AMIS			
3. PERSONNES CÉLÈBRES			

Vivre en santé, 4e à 6e année

Qu'est-ce qui t'influence?

Réfléchis au tabac, à l'alcool et aux drogues. Quelle influence ont tes amies ou amis, ta famille, les médias et le personnel enseignant sur ton attitude à l'égard de ces produits? Remplis le tableau ci-dessous en décrivant l'influence positive ou négative que tu subis.

FACTEUR	DROGUES	ALCOOL	TABAC
1. MÉDIAS			
2. PERSONNEL ENSEIGNANT			

3. Qu'est-ce qui a la plus grande influence sur toi? Ou qui a la plus grande influence? Explique ta réponse.

_____

_____

_____

_____

Chalkboard Publishing Inc.

Vivre en santé, 4ᵉ à 6ᵉ année

Ce que je pense savoir et ce que j'aimerais savoir

Écris ou dessine dans les encadrés ci-dessous.

Ce que je pense savoir :

Ce que j'aimerais savoir :

Vivre en santé, 4e à 6e année

Projet de recherche et présentation

Compte rendu de recherche

Demandez aux élèves de lire des textes informatifs et de résumer dans leurs propres mots ce qu'ils ont lu. Préparez une table ou un coin se rapportant au thème, où ils trouveront des ressources pertinentes : livres, films, affiches, magazines, etc.

Encouragez-les à explorer les différentes sections d'un ouvrage documentaire :

1. la page titre, où figurent le titre et le nom de l'auteure ou auteur;

2. la table des matières, qui comprend les titres et les pages des chapitres, et permet de repérer l'information recherchée;

3. le glossaire ou lexique, qui fournit la signification de certains mots utilisés dans le livre;

4. l'index, qui présente, par ordre alphabétique, la liste des sujets abordés.

Discutez ensuite des critères d'un bon projet de recherche. Ce dernier devrait comporter :

• un tableau ou un autre outil de présentation;

• une grammaire et une ponctuation adéquates (majuscules et points, par exemple);

• des caractères assez gros pour que le texte puisse être lu de loin;

• des dessins détaillés et en couleur.

Présentation orale

Invitez les élèves à faire, devant la classe, une présentation de ce qu'ils ont appris. Donnez-leur ces conseils :

• Parlez clairement, lentement et assez fort pour que tout le monde vous entende.

• Regardez votre auditoire et évitez de vous dandiner.

• Annoncez votre sujet de façon intéressante, par exemple au moyen d'une devinette ou d'une question.

• Choisissez les aspects les plus importants à transmettre.

• Appuyez votre présentation par des dessins, une maquette ou un diorama.

Chalkboard Publishing Inc.

Vivre en santé, 4e à 6e année

Toile d'idées

Remplis cette toile d'idées.

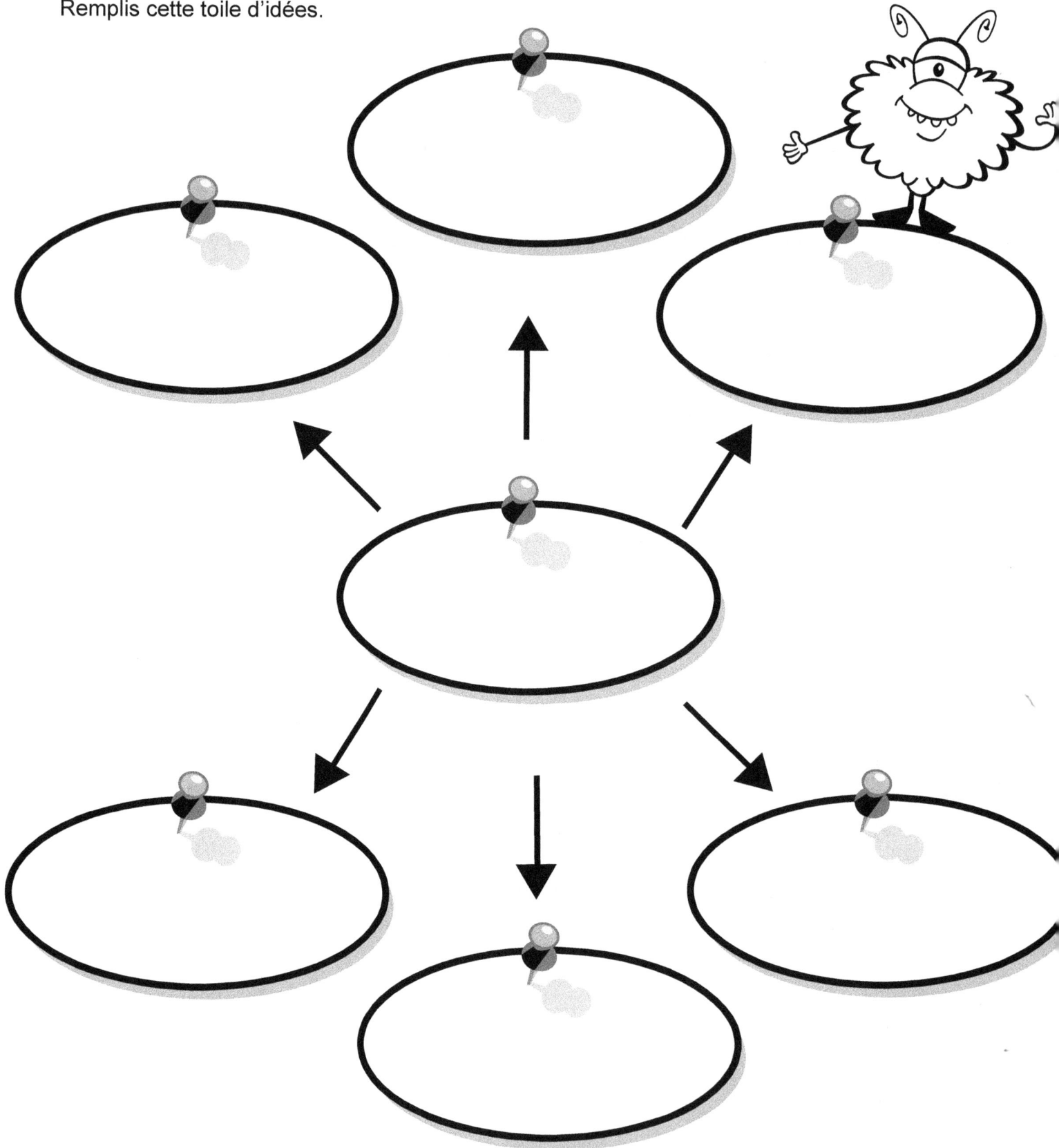

Vivre en santé, 4e à 6e année

Tableau à deux colonnes

Remplis ce tableau.

Un tableau à deux colonnes sur _____

Diagramme de Venn

Remplis ce diagramme.

Un diagramme de Venn sur _____

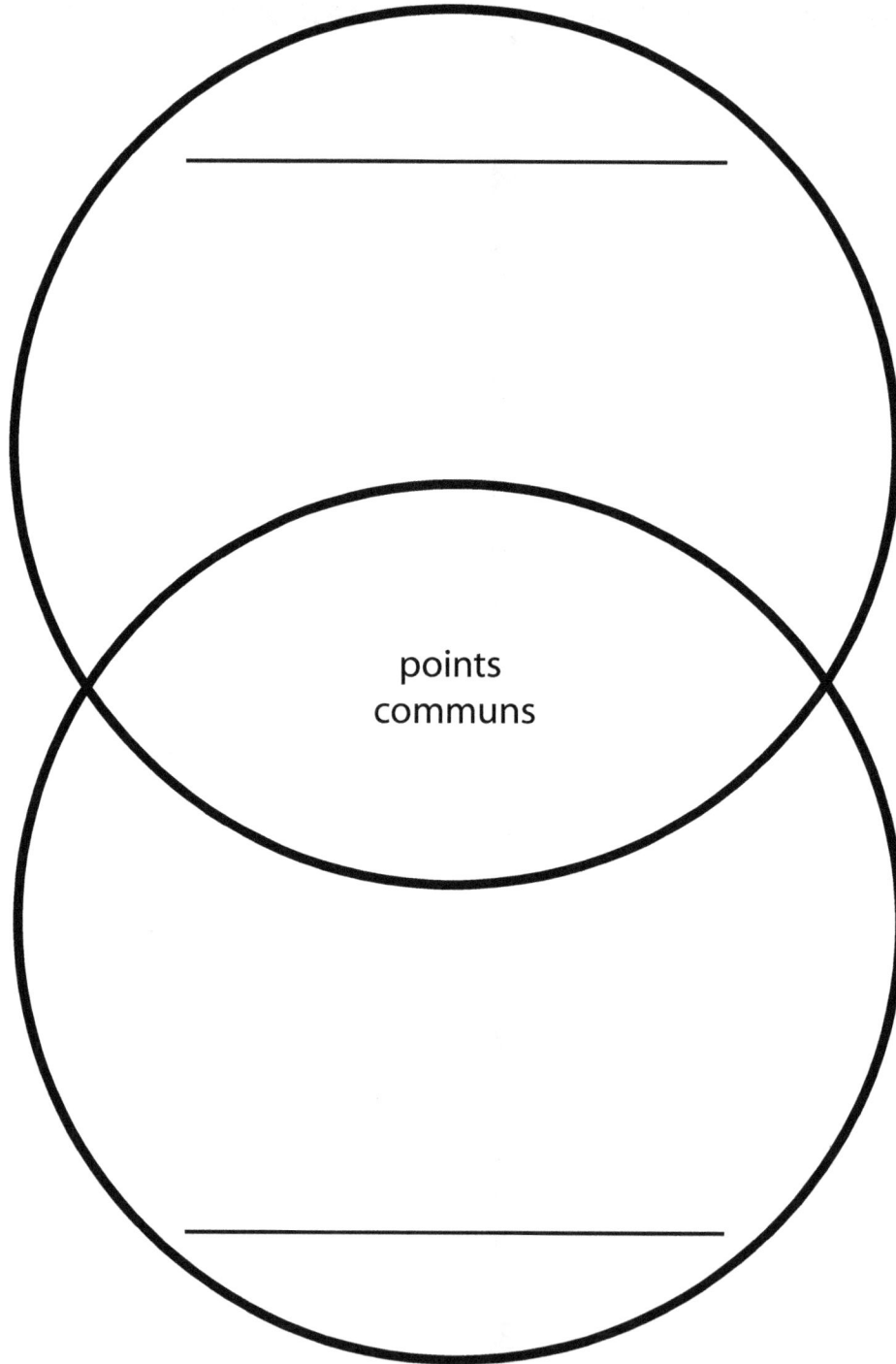

_____

points
communs

_____

Vivre en santé, 4ᵉ à 6ᵉ année

Une lettre

J'écris une lettre à _____

parce que _____

Chère ou Cher _____ ,

_____

_____

_____

_____

_____

_____

_____

Amicalement, _____

Sondage sur la santé

Plan de sondage

1. Quelle est la question? _____

2. Combien de personnes vas-tu interroger? _____

Choix de réponses	Pointage

3. Lorsque le sondage est terminé, crée un diagramme à bandes pour présenter l'information.

Vivre en santé, 4e à 6e année

Résultats du sondage

Fais un sondage.

1. J'ai fait un sondage sur _____.

2. J'ai posé cette question parce que _____.

3. Les résultats de ce sondage m'ont appris que…

_____

_____

_____

_____

Chalkboard Publishing Inc.

Vivre en santé, 4ᵉ à 6ᵉ année

Grille de mots cachés sur la santé

Conçois une grille de mots cachés et demande à tes camarades de trouver les mots.

Thème de la grille : _____

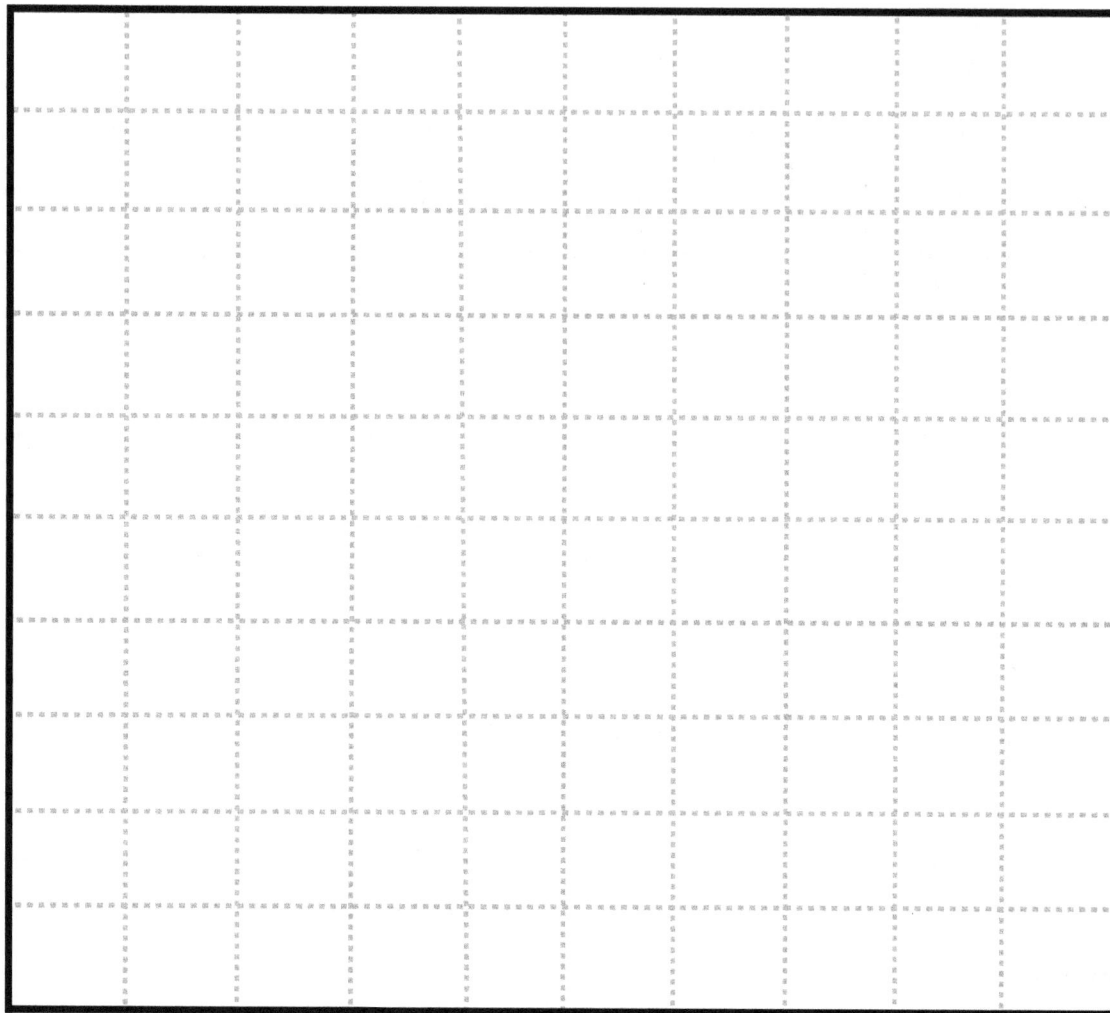

Liste de mots

- ● ● ●
- ● ● ●
- ● ● ●
- ● ● ●
- ● ● ●

Liste de vérification du magazine

Votre équipe a été choisie pour créer un magazine sur la santé destiné aux jeunes. Cette liste de vérification vous aidera à publier un magazine de première qualité.

Titre du magazine : _____

Couverture

☐ Le titre du magazine est facile à lire et bien en vue.

☐ Une illustration attrayante permet aux lectrices et lecteurs de connaître le thème du magazine.

☐ Un ou deux énoncés révèlent une partie du contenu.

Éditorial

☐ La lettre est adressée aux lectrices et lecteurs.

☐ Elle leur explique pourquoi il est important d'avoir des habitudes saines.

Table des matières

☐ On y trouve la liste de tout le contenu du magazine.

Publicité

☐ Plusieurs publicités conçues par des élèves annoncent des produits bénéfiques pour la santé.

Planification

☐ Toutes les tâches de la planification du magazine ont été complétées.

Sujets d'articles possibles :

• L'alimentation saine	• L'intimidation	• L'abus de drogues
• Des conseils sportifs	• La biographie de quelqu'un que vous admirez	• La forme physique
• Des résultats de sondage	• La pression des pairs	• La cybersécurité
• L'importance du sommeil	• Les troubles alimentaires	• Des recettes

Chalkboard Publishing Inc.

Vivre en santé, 4e à 6e année

Planification du magazine

Membres de l'équipe : _____

Utilisez cette planification pour attribuer des tâches à chaque membre de l'équipe.

Tâche	Membre de l'équipe	Tâche complétée

Vivre en santé, 4e à 6e année

Article de magazine

Imagine que tu es journaliste pour un magazine de santé destiné aux jeunes. Écris un article pour aider les jeunes à comprendre l'importance et les avantages d'un mode de vie sain. Par exemple, tu pourrais écrire à propos de :

- la sécurité personnelle,
- l'importance d'une alimentation saine,
- la cybersécurité.

Voici les éléments que tu dois inclure dans ton article :

1. le **TITRE** de l'article;

2. la **SIGNATURE** (ton nom);

3. l'**INTRODUCTION**, qui donne un aperçu de l'idée importante;

4. le **DÉVELOPPEMENT**, qui fournit des détails pour appuyer cette idée;

5. la **CONCLUSION**, qui donne aux lectrices et lecteurs de l'information à se rappeler.

Liste de vérification

Contenu :

- ☐ J'ai un **TITRE**.
- ☐ J'ai une **SIGNATURE**.
- ☐ J'ai une **INTRODUCTION**.
- ☐ J'ai un **DÉVELOPPEMENT**.
- ☐ J'ai une **CONCLUSION**.

Style et grammaire :

- ☐ J'ai écrit de façon lisible et mis un titre clair.
- ☐ J'ai ajouté un dessin en couleur.
- ☐ J'ai bien orthographié les mots.
- ☐ J'ai utilisé des mots intéressants.
- ☐ J'ai vérifié les majuscules et la ponctuation.

La santé – Mon point de vue

Écris un article où tu donnes ton point de vue sur une question liée à la santé. Utilise le canevas ci-dessous pour planifier ton article. Voici quelques suggestions de sujets :

- Les élèves devraient-ils avoir une période de 30 minutes d'exercice physique chaque jour?
- Devrait-il être interdit de fumer?
- Les friandises et les boissons gazeuses devraient-elles être interdites dans les écoles?

Ton point de vue :	
Affirmation	**Arguments**
Affirmation	**Arguments**
Affirmation	**Arguments**

Vivre en santé, 4e à 6e année

Publicité sur...

Conçois une publicité au sujet d'un produit ou d'un service de santé.

Grille d'évaluation du magazine

1. Membres de l'équipe : _____

_____

2. Projet : _____

Critères	Niveau 1	Niveau 2	Niveau 3	Niveau 4
Contenu/information • information • exactitude • détails à l'appui	- information limitée - peu de détails	- information partielle - quelques détails	- information presque complète - détails complets et précis	- information complète - détails très bien choisis
Écriture • orthographe • grammaire • ponctuation	- erreurs d'orthographe et de grammaire - ponctuation inégale	- quelques erreurs d'orthographe, de grammaire et de ponctuation	- très peu d'erreurs d'orthographe, de grammaire et de ponctuation	- aucune erreur d'orthographe, de grammaire et de ponctuation
Illustrations • correspondant au texte • en couleur	- illustrations incomplètes - correspondent rarement au texte	- illustrations parfois incomplètes - correspondent partiellement au texte	- illustrations complètes et pertinentes	- illustrations remarquables et toujours pertinentes
Présentation générale • soin apporté • organisation	- travail peu soigné et mal organisé	- travail partiellement soigné et quelque peu organisé	- travail généralement soigné et bien organisé	- travail exceptionnellement soigné et très bien organisé

3. Commentaires de l'enseignante ou enseignant :

_____

_____

Vivre en santé, 4e à 6e année

Grilles d'évaluation

Niveau	Description de la participation de l'élève
Niveau 4	L'élève contribue toujours aux discussions et aux activités en exprimant des idées et en posant des questions.
Niveau 3	L'élève contribue généralement aux discussions et aux activités en exprimant des idées et en posant des questions.
Niveau 2	L'élève contribue parfois aux discussions et aux activités en exprimant des idées et en posant des questions.
Niveau 1	L'élève contribue rarement aux discussions et aux activités en exprimant des idées et en posant des questions.

Niveau	Description de la compréhension des concepts
Niveau 4	L'élève démontre une excellente compréhension de tous ou de presque tous les concepts et donne toujours des explications complètes et justes, de manière autonome. Elle ou il n'a pas besoin de l'aide de l'enseignante ou enseignant.
Niveau 3	L'élève démontre une bonne compréhension de la plupart des concepts et donne généralement des explications complètes ou presque complètes. Elle ou il a rarement besoin de l'aide de l'enseignante ou enseignant.
Niveau 2	L'élève démontre une compréhension satisfaisante de la plupart des concepts et donne parfois des explications justes, mais incomplètes. Elle ou il a parfois besoin de l'aide de l'enseignante ou enseignant.
Niveau 1	L'élève démontre une piètre compréhension des concepts et donne rarement des explications complètes. Elle ou il a constamment besoin de l'aide de l'enseignante ou enseignant.

Niveau	Évaluation des capacités de communication
Niveau 4	L'élève communique toujours avec clarté et précision, tant oralement que par écrit. Elle ou il emploie toujours une terminologie et un vocabulaire adéquats.
Niveau 3	L'élève communique généralement avec clarté et précision, tant oralement que par écrit. Elle ou il emploie, la plupart du temps, une terminologie et un vocabulaire adéquats.
Niveau 2	L'élève communique parfois avec clarté et précision, tant oralement que par écrit. Elle ou il emploie parfois une terminologie et un vocabulaire adéquats.
Niveau 1	L'élève communique rarement avec clarté et précision, tant oralement que par écrit.

Chalkboard Publishing Inc.

Vivre en santé, 4e à 6e année

Grille d'évaluation de la classe

Remplissez cette grille.

Nom de l'élève	Participation en classe	Compréhension des concepts	Communication des concepts	Évaluation globale

Vivre en santé, 4e à 6e année

Grille d'évaluation de l'activité physique

	Niveau 1	Niveau 2	Niveau 3	Niveau 4
Compréhension des concepts liés à l'activité physique	L'élève démontre une compréhension limitée des concepts.	L'élève démontre une compréhension partielle des concepts.	L'élève démontre une bonne compréhension des concepts.	L'élève démontre une compréhension approfondie des concepts.
Mise en application des habiletés enseignées	L'élève met peu des habiletés en application.	L'élève met certaines habiletés en application.	L'élève met la plupart des habiletés en application.	L'élève met toutes ou presque toutes les habiletés en application.
Participation	L'élève a toujours besoin d'encouragement.	L'élève a parfois besoin d'encouragement.	L'élève a rarement besoin d'encouragement.	L'élève n'a presque jamais besoin d'encouragement.
Esprit sportif	L'élève a besoin d'encouragement pour faire preuve d'esprit sportif.	L'élève partage avec les autres, et les aide et les encourage à l'occasion.	L'élève partage avec les autres, et les aide et les encourage généralement.	L'élève se comporte en chef d'équipe. Elle ou il partage toujours avec les autres, et les aide et les encourage toujours.
Pratiques sécuritaires	L'élève doit toujours se faire rappeler les consignes de sécurité relatives au matériel et aux installations.	L'élève doit parfois se faire rappeler les consignes de sécurité relatives au matériel et aux installations.	L'élève doit rarement se faire rappeler les consignes de sécurité relatives au matériel et aux installations.	L'élève ne doit presque jamais se faire rappeler les consignes de sécurité relatives au matériel et aux installations.

Chalkboard Publishing Inc.

Vivre en santé, 4e à 6e année

Je réfléchis à mon travail...

Je réfléchis à mon travail!

1. Je suis fière ou fier de :

_____

2. Je veux en apprendre plus sur :

_____

3. J'ai besoin d'améliorer ceci :

_____

4. Je réussirai mieux d'ici :

_____

Je réfléchis à mon travail!

1. Je suis fière ou fier de :

_____

2. Je veux en apprendre plus sur :

_____

3. J'ai besoin d'améliorer ceci :

_____

4. Je réussirai mieux d'ici :

_____

Sites Web utiles

1. Service de police de la ville de Montréal
http://spvm.qc.ca/fr/jeunesse/enfant.asp

2. SécuriJeunes Canada
http://www.safekidscanada.ca/fr-ca/home.aspx

3. Radio-Canada, zone jeunesse – L'intimidation
http://www.radio-canada.ca/jeunesse/explorateur/
toutSurToi/index.asp?no_contenu=6959

4. L'association
pulmonaire du Canada
http://www.poumon.ca/lung101-
renseignez/students-etudiants_f.php

5. L'ordre des hygiénistes dentaires du Québec
http://www.ohdq.com/Sante/SectionJeunesse/512ans.aspx

6. Santé Canada : un site pour les enfants
http://www.hc-sc.gc.ca/hl-vs/jfy-spv/children-enfants-fra.php

7. Santé et services sociaux Québec
http://www.msss.gouv.qc.ca/sujets/santepub/
nutrition/index.php?modules_interactifs

8. Saines habitudes de vie – Gouvernement du Québec
http://www.saineshabitudesdevie.gouv.qc.ca/index.php?zone-enfants

9. Jeunesse j'écoute – L'intimidation
http://jeunessejecoute.ca/Teens/InfoBooth/Bullying/Links.aspx

Chalkboard Publishing Inc.

Vivre en santé, 4ᵉ à 6ᵉ année

FÉLICITATIONS!

Nom : _____

Tu connais tout sur la santé!

Bravo!

www.ingramcontent.com/pod-product-compliance
Lightning Source LLC
Chambersburg PA
CBHW081343090426
42737CB00017B/3280